Le grand Gretzky

Mike Leonetti

illustrations de
Greg Banning

Texte français de Marie-Carole Daigle

Éditions
SCHOLASTIC

Édition publiée par les Éditions Scholastic, 175 Hillmount Road, Markham (Ontario) L6C 1Z7, avec la permission de Raincoast Books.

5 4 3 2   Imprimé en Chine   07 08

Conception graphique : Teresa Bubela

Catalogage avant publication de Bibliothèque et Archives Canada
Leonetti, Mike, 1958-
[Gretzky's game. Français]
Le grand Gretzky / Mike Leonetti; illustrations de Greg Banning;
texte français de Marie-Carole Daigle.
Traduction de : Gretzky's Game.
ISBN 0-439-95363-4
1. Gretzky, Wayne, 1961- --Romans, nouvelles, etc. pour la jeunesse.
2. Edmonton Oilers (Équipe de hockey)--Romans, nouvelles, etc.
pour la jeunesse.
I. Banning, Greg II. Daigle, Marie-Carole III. Title.
IV. Titre: Gretzky's game. Français.
PS8573.E58734G7414 2005   jC813'.54   C2005-903595-1

Remerciements
L'auteur a consulté les documents suivants :
DES LIVRES DE Jack Canfield (éditeur), Michael Boughn, John Davidson, Stan Fischler, Walter Gretzky, Wayne Gretzky, Kevin Lowe, Terry Jones, Rick Reilly, Sherry Ross, Jeff Rud, Jim Taylor et Barry Wilner;
LES MAGAZINES ET JOURNAUX SUIVANTS : Sports Illustrated, The Hockey News, NHL PowerPlay, Maclean's, les programmes des Oilers d'Edmonton de la saison 1983-1984, Calgary Herald et Toronto Star;
LES GUIDES DE STATISTIQUES SUIVANTS : NHL Guide and Record Book, Total NHL et 2004 World Cup Guide.
ÉMISSIONS VISIONNÉES : Hockey Night in Canada, diffusion du 19 mai 1984; Wayne Gretzky, série Biography du réseau A&E

L'auteur souhaite remercier le personnel de Raincoast Books de tous les efforts déployés, particulièrement l'éditeur Scott Steedman, qui a considérablement contribué à l'élaboration de cette histoire.

Ce livre est dédié à Walter Gretzky et à toute sa famille.

— M.L.

À ma famille, maman, papa et Michelle,

pour leur amour et leur soutien constants

— G.B.

— **Allez, Maxime!** Relève-toi! C'est ce que fait Gretzky lorsqu'il tombe sur la glace.

— **Je sais,** papa. Je sais.

Mon père n'avait pas à me rappeler de me relever. J'aimais **tellement** jouer au hockey sur la patinoire de notre cour, que j'aurais pu y passer toute la journée! Je rêvais de devenir joueur de hockey. Il aurait fallu **bien plus** qu'une petite chute de temps en temps pour me faire changer d'idée!

— Essaie maintenant de contourner les cônes avant de lancer la rondelle dans le filet.

M'emparant de la rondelle, je me suis élancé et j'ai contourné **à toute vitesse** les cinq cônes que mon père avait posés sur la glace, puis j'ai envoyé vivement la rondelle au fond du but. J'ai refait la même chose dix fois de suite et je m'apprêtais à recommencer encore dix fois lorsque mon père m'a arrêté.

— Ça suffit pour aujourd'hui. Nous reviendrons demain. Les essais sont la semaine prochaine. Alors, d'ici là, il faudra bien t'**entraîner**, mais aussi te **reposer.**

— Je veux absolument **jouer dans cette équipe,** papa.

Depuis quelques années, je faisais partie d'une équipe de notre ligue de hockey locale. Mais j'allais bientôt participer à des essais pour faire partie d'une équipe d'élite appelée les **Cyclones.** Ce ne serait pas facile, à cause de ma petite taille. Je n'étais ni très grand ni très bâti pour mon âge. Je flottais toujours dans mon chandail de hockey, et ma culotte de hockey **pendouillait** toujours un peu. C'est pourquoi les gens pensaient que j'étais trop petit pour jouer avec les enfants plus costauds. N'empêche que je patinais depuis que j'avais deux ans, si bien que j'étais assez bon sur la glace. Je m'entraînais très fort afin d'améliorer mes passes et ma maîtrise de la rondelle. Mon père disait que je devais être plus **rapide** et plus **rusé** que les joueurs plus costauds que moi. Je jouais donc au hockey le plus souvent possible, afin de m'améliorer.

Je pouvais **facilement** jouer chaque jour. Dès que le froid le permettait, mon petit frère Philippe et moi aidions mon père à poser des bandes dans notre cour et à **arroser** la patinoire. Nous pouvions ainsi patiner tous les jours sur notre propre patinoire, avant et après l'école. La fin de semaine, nos amis venaient chez nous, et nous jouions au hockey **toute la journée.**

Mon père entretenait bien la patinoire, pour que nous ayons toujours une **belle glace.** Après une chute de neige, toute la famille sortait les pelles et nettoyait la patinoire – même ma mère! Parfois, nous profitions d'une belle soirée pour nous en occuper encore un peu : nous enlevions la neige, nous grattions la surface et nous l'arrosions. Mon père avait déjà été un très bon joueur de hockey junior, mais il avait dû renoncer à son rêve de devenir un joueur professionnel, parce qu'il devait faire vivre sa famille. Maintenant, il voulait vraiment nous donner, à Philippe et à moi, toutes les chances de nous amuser au hockey. Il n'avait jamais à nous pousser; nous **adorions** ce sport.

Il restait **une place** à combler dans l'équipe des Cyclones. L'entraîneur, M. Boutin, cherchait un joueur **enthousiaste.** Mon père avait réussi à le convaincre de m'accorder un essai. C'était là une chance inouïe de lui prouver que **j'avais ce qu'il fallait** pour être un joueur d'élite.

J'ai fait toutes sortes d'**exercices** pour me préparer. Philippe s'installait dans le but pour que je puisse avoir un gardien de but à attaquer. J'ai beaucoup travaillé mon coup de patin et surtout essayé de manier rapidement la rondelle afin d'éviter les mises en échec.

— Je sais que tu vas faire ton possible, m'a dit mon père, mais il ne faudrait pas que tu sois trop déçu si on ne te prend pas dans l'équipe. Il se pourrait bien que l'entraîneur te trouve trop petit; il va falloir que tu l'impressionnes par ton adresse et ta technique. Je sais que tu es tout excité, mais ta mère et moi ne sommes toujours pas sûrs que tu sois prêt à faire le grand saut.

— Wayne Gretzky aussi s'est fait dire qu'il était trop petit pour être accepté dans la LNH, papa. Et pourtant, **regarde où il en est aujourd'hui!** ai-je répondu.

Wayne Gretzky était mon joueur préféré. Il avait été nommé capitaine des Oilers d'Edmonton, notre équipe locale. Plein de gens lui avaient dit qu'il était trop petit et délicat pour passer au hockey professionnel, et même que son lancer était trop faible. Mais il leur avait prouvé qu'ils avaient tort. Lorsqu'il était arrivé dans la LNH, **à 18 ans,** les gens avaient dit qu'il était aussi trop jeune. Il avait pourtant marqué 51 buts, obtenu 86 aides et décroché le trophée du joueur le plus utile à son équipe! Une année, il avait terminé la saison avec 212 points, dont 92 buts. Trois fois, il avait inscrit plus de 100 aides en une saison, et il battait un record après l'autre.

J'avais mon propre **album** sur Gretzky. Chaque fois que je pensais que je n'arriverais pas à faire une chose, je sortais mon album et le regardais du début à la fin.

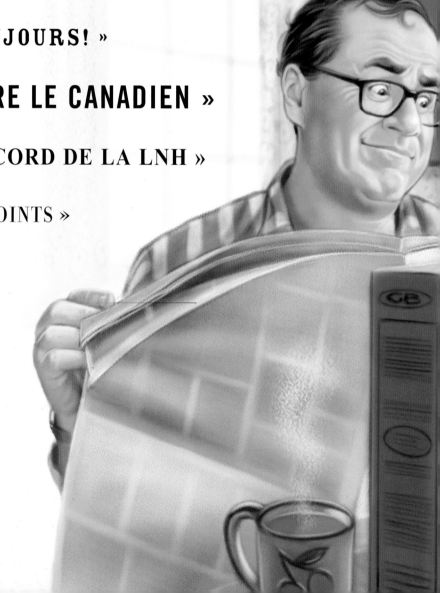

« GRETZKY MARQUE ENCORE ET TOUJOURS! »

« VICTOIRE DES OILERS CONTRE LE CANADIEN »

« GRETZKY FRACASSE UN AUTRE RECORD DE LA LNH »

« LE PREMIER JOUEUR À ACCUMULER 200 POINTS »

« CINQ BUTS DANS UN MATCH :
50 POINTS POUR GRETZKY »

Et ce n'étaient que quelques-uns
des grands titres de mon album.

J'avais pris soin de me procurer un **bâton Titan,** comme Gretzky. Si le plus grand des joueurs avait choisi cette marque, ça ne me nuirait sûrement pas de faire comme lui! J'avais aussi acheté un chandail des Oilers qui portait le **numéro 99.** Ma chambre était tapissée d'affiches de Gretzky, et à l'école, j'avais même une règle portant la photo de Gretzky. Le matin, je voyais Gretzky sur ma boîte de céréales. C'était lui qui avait fait de moi un mordu du hockey, et je ne voulais pas l'oublier une **minute!**

Le jour de mon essai, j'étais très **nerveux** et je voulais vraiment réussir. M. Boutin s'est approché de moi et m'a dit :

— Salut, Maxime. Es-tu prêt à nous montrer ce que tu sais faire?

— **Oui, monsieur!** lui ai-je répondu, en tentant d'avoir l'air très sûr de moi.

— Bon. Voici ce que je voudrais que tu fasses, m'a-t-il expliqué en me montrant un papier.

Il allait vérifier si je patinais vite et bien, puis me faire frapper des cibles dans le filet, en plus de me faire faire une course d'obstacles. La liste comprenait aussi deux autres catégories : la première disait « **technique** », et la deuxième, « **motivation** ».

J'ai patiné le mieux possible, tout en essayant de me rappeler les trucs que j'avais appris. À la fin, l'entraîneur a bavardé quelques minutes avec mon père. Puis il est venu me rejoindre sur la glace.

— Maxime, tu sembles être un jeune très motivé, en plus de bien comprendre le jeu. Ce qui m'inquiète un peu, c'est de savoir comment tu vas t'en sortir s'il y a des bousculades, parce que tu es plutôt petit pour ton âge. Mais comme tu as du talent, j'ai décidé de te donner une place dans notre équipe : tu seras le troisième ou quatrième joueur de centre.

— **Génial!** ai-je crié en sautant dans les airs.

J'étais le plus heureux des garçons. J'avais toujours rêvé de jouer au centre, comme mon héros, Wayne Gretzky.

— Je ne voudrais pas gâcher ta joie, a ajouté M. Boutin, mais je ne sais pas si je pourrai t'accorder beaucoup de temps sur la glace. N'oublie pas qu'il te faudra être prudent lorsque tu te retrouveras près de la bande ou devant le filet. Avec le temps, tu vas apprendre à faire ce qu'il faut quand le jeu devient un peu plus physique; on verra alors comment tu t'en sortiras.

— Oui, je comprends, monsieur Boutin.

J'ai **énormément** appris en regardant Gretzky à la télé et lorsque mon frère Philippe et moi avons assisté à des matchs au Northlands Coliseum, avec mon père. Parfois, quand maman nous emmenait magasiner au West Edmonton Mall, je pouvais aussi regarder les Oilers s'exercer. L'équipe s'entraînait là, et nous aimions beaucoup nous installer dans les gradins pour suivre nos héros en pleine action. Je voyais bien que Gretzky travaillait fort, même à ces séances. Il était toujours en train d'essayer de nouveaux mouvements et semblait vouloir **améliorer** son jeu, même s'il était déjà le meilleur joueur de toute la ligue. Il était clair qu'il adorait jouer : sur la glace, il était comme un poisson dans l'eau!

Les Oilers connaissaient une autre magnifique saison. Gretzky avait déjà marqué au moins un point à chacun des 51 matchs, si bien qu'il allait établir un autre record. Au cours d'une partie contre les North Stars du Minnesota, il avait récolté huit points, soit quatre buts et quatre aides, et les Oilers avaient gagné 12 à 8! Tout indiquait que notre équipe allait finir la saison **en tête du classement.**

Moi aussi, j'essayais **constamment** de m'améliorer en m'exerçant aussi souvent que possible. J'étais également bon pour orchestrer le jeu et je pouvais faire de longues passes parfaites à mes ailiers, ce qui leur donnait de bonnes chances de marquer des points. Mais je n'étais pas souvent sur la glace. De plus, j'avais beau faire de mon mieux, je ne marquais pas de but. Et un joueur de centre **doit marquer des buts.** Je voulais vraiment en marquer un, mais disons que j'avais un peu peur de me tenir près des buts, par crainte de me faire bousculer ou frapper par la rondelle.

Un jour, j'étais découragé de ne pas avoir encore marqué. J'avais l'impression de ne pas être très utile à mon équipe. En venant me chercher à la patinoire après une séance d'entraînement, ma mère a bien vu que j'avais le cœur serré.

— Qu'est-ce qu'il y a, Maxime?

— Je trouve que je ne sers pas à grand-chose dans mon équipe : je n'ai même pas réussi à marquer un seul but, ai-je dit en me retenant pour ne pas pleurer.

— Je ne m'y connais pas tellement en hockey, Maxime, mais il me semble que tu dois **frapper la rondelle** pour marquer, a répondu ma mère. Tu pourrais peut-être t'exercer à faire plus de lancers?

Ma mère ne s'y connaissait peut-être pas tellement en hockey, mais son idée avait du sens.

— Tu as raison, maman. C'est une très bonne idée.

Le lendemain, je suis allé m'exercer dans notre cour. Mon père avait installé quatre cibles, près des coins du filet. Il me passait les rondelles l'une après l'autre, et je frappais vers les cibles, d'abord à 10 pieds du filet, puis en m'en éloignant toujours un peu plus. Je n'avais pas un lancer très puissant, mais il était vif et précis, et j'ai réussi à atteindre les cibles et même, parfois, à déjouer Philippe, qui protégeait le but. Je me suis exercé ainsi aussi souvent que possible, et j'ai commencé à atteindre ma cible plus souvent, même de loin. Je commençais à penser que je savais exactement comment marquer un but! Il ne me restait plus qu'à y arriver **au cours d'une vraie partie.**

Tout au long de la saison, j'ai ajouté beaucoup d'articles et de photos à mon album. En fin de saison, Gretzky avait 87 buts et 118 aides, ce qui le mettait de nouveau **en tête des marqueurs** dans la LNH. Il avait aussi réussi 10 tours du chapeau et marqué plus de buts en avantage numérique et en désavantage numérique que **tout autre joueur!** Les Oilers avaient remporté 57 matchs, soit plus que toute autre équipe. N'empêche que l'enjeu était surtout de remporter la Coupe Stanley, qu'ils avaient perdue en finale l'année précédente, aux mains des Islanders de New York. Cette année-là, ça n'allait sûrement pas se passer comme ça. Tous les partisans des Oilers voulaient que leur équipe soit la **première** équipe de l'Ouest du pays **à tout rafler!** J'avais très hâte que les éliminatoires commencent et je savais que ce serait encore un nouveau défi pour Gretzky.

Le jour de notre dernière partie de la saison, Michel, le capitaine de notre équipe, est venu me voir dans le vestiaire, **avant** le match, et s'est assis près de moi. Michel était notre meilleur joueur et il avait marqué beaucoup de buts. C'était un vrai **magicien** de la rondelle : il la frappait et la passait avec beaucoup de facilité.

— Écoute, Maxime, pendant la partie, essaie de te placer entre les cercles de mise au jeu, dans la zone adverse. Dès que tu recevras une passe, frappe la rondelle. Je t'ai vu faire pendant les séances d'entraînement et je trouve que tu frappes vraiment bien.

Je lui ai promis de le faire. Au début du match, je n'ai pas joué très souvent; mais quand j'allais sur la glace, je m'en tirais très bien. L'entraîneur avait davantage **confiance** en moi, alors il m'a fait jouer un peu plus, même si nous perdions 3 à 2. Un peu plus tard pendant la partie, Michel s'est retrouvé sur la même ligne que moi, et je lui ai fait une belle passe. Il a foncé vers la zone adverse, **filant** entre deux défenseurs. Comprenant ce qu'il voulait faire, je me suis placé là où il m'avait dit. Dès que j'ai été en position, Michel m'a passé la rondelle. Je l'ai vue venir vers moi et l'ai frappée dès qu'elle a touché mon bâton. Elle a **volé** par-dessus l'épaule du gardien et est entrée dans le filet. C'était **LE BUT!**

Tous mes coéquipiers se sont précipités sur la glace pour **me féliciter.** C'était mon premier but de la saison, et il nous a menés à égalité!

Aux éliminatoires, Edmonton n'a fait qu'une **bouchée** des Jets de Winnipeg en quart de finale. Ensuite, les Flames de Calgary lui ont donné pas mal plus de fil à retordre. Au bout de sept parties, les Oilers l'ont finalement emporté, pour ensuite battre Minnesota en quatre matchs seulement. Edmonton se retrouvait donc en finale, comme l'équipe l'avait espéré. Elle allait encore une fois affronter les Islanders pour essayer de remporter **la Coupe Stanley!**

Les Oilers ont gagné le premier match 1 à 0, mais les Islanders ont remporté le suivant 6 à 1. Ça ne me dérangeait pas trop qu'ils perdent une partie, parce que, de toute façon, mon père avait des **billets** pour la cinquième partie, qui devait se jouer à Edmonton. Les Oilers ont battu les Islanders à plate couture dans les deux matchs suivants, l'emportant deux fois de suite 7 à 2. Edmonton n'avait besoin que d'une victoire pour gagner la Coupe!

Gretzky éprouvait de la **difficulté** quand il jouait contre les Islanders. À la finale de l'année précédente, il n'avait pas réussi à obtenir un seul point. Il n'avait pas non plus réussi à en obtenir dans les trois matchs joués jusque-là, en finale. Les gens disaient que Bryan Trottier, des Islanders, avait de plus grandes qualités de chef et plus de talent que lui. Gretzky ne s'en est pas laissé imposer. Au début du quatrième match, il a fait une belle échappée et a marqué un but. C'était tout un **soulagement** pour lui, mais bien des gens continuaient de se demander s'il allait réaliser son plus grand rêve, c'est-à-dire faire gagner la Coupe à son équipe. Moi, j'étais sûr que les Oilers y parviendraient, car l'équipe comptait plein d'**excellents joueurs,** comme Mark Messier, Paul Coffey, Jari Kurri, Kevin Lowe, Glenn Anderson, et aussi Grant Fuhr et Andy Moog comme gardiens de but! Je savais que Gretzky allait devoir donner le ton.

Nous sommes arrivés **très tôt** au Coliseum. J'avais mis mon chandail des Oilers en espérant attirer la chance. Papa avait réussi à avoir de très bons sièges **face au centre** de la patinoire, juste entre les bancs des joueurs. Lorsque les Oilers sont arrivés sur la glace, la foule leur a fait une grande ovation. Beaucoup de gens avaient fabriqué des pancartes, qu'ils agitaient : « La Coupe aux Oilers! » disait l'une; « La défaite aux Islanders! » clamait une autre. Ma préférée disait tout simplement : « On veut la Coupe! »

Andy Moog était dans le filet des Oilers et a fait beaucoup de très beaux arrêts au début de la partie. Les Islanders semblaient bien décidés à gagner la partie et à poursuivre les éliminatoires à New York. Ils voulaient remporter la Coupe pour la cinquième fois d'affilée et n'allaient sûrement pas abandonner!

À un moment donné, au milieu de la première période, Kurri a fait une magnifique passe à Gretzky. Le **numéro 99** a filé à toute allure d'un côté de la patinoire, a dépassé un défenseur des Islanders et a glissé la rondelle sous le gardien, Billy Smith. C'était 1 à o pour les Oilers! La foule a **explosé** de joie.

Cinq minutes plus tard, Edmonton s'est emparé de la rondelle à la ligne bleue et trois joueurs des Oilers se sont élancés en zone adverse avec seulement un joueur de New York devant eux. Kurri a passé la rondelle à Gretzky, au centre. Tout en continuant d'avancer, le capitaine des Oilers a levé les yeux pour voir s'il devait **lancer ou faire une passe.** Il a opté pour le lancer et a frappé la rondelle juste entre les jambières du gardien : **2 à 0!**

Gretzky était en train de prouver à tout le monde qu'il pouvait donner son maximum quand on en avait le plus besoin. Il n'y avait pas de doute : il tenait à la **Coupe!**

À la deuxième période, les Oilers ont marqué deux autres points, faisant passer le pointage à 4 à 0. On aurait pu croire que **la victoire était assurée,** mais c'était oublier que les Islanders étaient des champions qui n'allaient sûrement pas abandonner la partie. En troisième période, Pat LaFontaine a marqué deux buts, coup sur coup, à 34 secondes d'intervalle. Voilà qui avait de quoi redonner de l'espoir aux Islanders. À 4 contre 2, tout le monde était plutôt nerveux. Les Oilers ont renforcé leur jeu défensif, et Moog a fait d'autres beaux arrêts, qui ont permis à son équipe de maintenir son avance de deux buts.

Soudain, alors qu'il ne restait qu'une minute de jeu, les Islanders ont décidé de retirer leur gardien pour avoir une personne de plus à l'attaque. Les spectateurs étaient tous debout pour encourager les joueurs, lorsque la rondelle s'est posée sur le bâton de Dave Lumley, dans la zone d'Edmonton. Se retournant, il a fait un long tir et la rondelle est entrée en plein milieu du filet désert des Islanders. Les Oilers menaient 5 à 2, et il ne restait que 12 secondes à jouer!

À huit secondes de la fin du match, les spectateurs ont commencé le compte à rebours :
quatre... trois... deux... un...

Et voilà, c'était terminé! Tous les joueurs se sont jetés sur Moog. La foule était en délire. On a apporté la Coupe Stanley pour la poser sur une table, au milieu de la patinoire. Gretzky s'est approché et on lui a remis le trophée. Il avait la bouche fendue jusqu'aux oreilles! Il a brandi la Coupe au-dessus de sa tête pendant que ses coéquipiers se regroupaient autour de lui. Pressé par tout ce monde qui l'entourait, Gretzky pouvait à peine avancer. Mais on pouvait voir qu'il était heureux et très fier.

Je me suis tourné vers mon père et j'ai crié :

— Il a réussi!

— Eh oui! a répondu mon père. Il nous a vraiment montré de quoi il était capable, ce soir! C'est ça, un grand joueur! L'as-tu vu patiner? Personne n'aurait pu l'arrêter!

— Je vais me souvenir de cette journée toute ma vie, ai-je dit en souriant de bonheur.

Tout l'été, j'ai bu beaucoup de lait et j'ai pris mes vitamines. Je jouais aussi très souvent au hockey dans la rue et je m'exerçais à lancer. J'ai **grandi** un peu et j'ai **pris du poids,** et on m'a repris dans l'équipe, à l'automne. Je n'avais plus peur de me placer devant les buts, comme l'avait fait Gretzky en finale. À la première partie de la saison, j'ai même fait une échappée qui m'a permis de marquer un but. J'ai patiné aussi vite que possible, comme le faisait toujours Gretzky. Même le grand joueur de défense qui voulait me bloquer n'a pas pu me rattraper. J'ai fait une feinte devant le gardien, puis j'ai contourné le filet avant de lancer en plein dedans. C'était le genre de but que Wayne Gretzky aurait marqué. Je me suis dit que, si je continuais à travailler mon jeu comme le faisait **Gretzky** lui-même, je pourrais peut-être, moi aussi, gagner un jour la Coupe Stanley!

Quelques mots sur Wayne Gretzky

Wayne Gretzky est né en 1961 à Brantford, en Ontario. Lorsqu'il avait 11 ans, on voyait déjà en lui une étoile du hockey. Au cours de la saison 1971-1972, il a marqué 378 buts et inscrit 120 aides en 85 parties, pour le compte de son équipe locale. À 17 ans, il était déjà un joueur professionnel dans l'Association mondiale du hockey; il est passé à la Ligue nationale de hockey lorsque les Oilers d'Edmonton s'y sont joints, en 1979. Il a aidé les Oilers à remporter quatre fois la Coupe Stanley et il a reçu à 10 reprises le trophée Art Ross, remis au joueur ayant accumulé le plus de points pendant la saison. Il a aussi reçu cinq fois le trophée Lady Byng, remis au joueur ayant le meilleur esprit sportif, et deux fois le trophée Conn Smythe, accordé au meilleur joueur des séries. Gretzky est passé aux Kings de Los Angeles en 1988, à l'occasion de l'un des plus grands échanges de l'histoire des sports. Il a aussi joué avec les Blues de Saint-Louis et les Rangers de New York avant de prendre sa retraite en 1999. À la fin de sa remarquable carrière, il détenait 61 records de la LNH, dont celui du plus grand nombre de buts (894), d'aides (1 963) et de points (2 857) dans une carrière, de même que celui du plus grand nombre de buts (122), d'aides (260) et de points (382) pendant les éliminatoires. Son numéro de chandail, le 99, a été retiré partout dans la LNH. Gretzky est actuellement copropriétaire des Coyotes de Phoenix de la LNH. Il a aussi agi comme directeur administratif de l'équipe canadienne qui a gagné aux Jeux olympiques (en 2002) et a remporté la Coupe du monde de hockey (en 2004). Pour les amateurs de hockey, il demeurera toujours « le grand Gretzky ».